Bärbl Kreibich

Sticken mit Seidenbändchen

Zählvorlagen in Originalgröße

CHRISTOPHORUS
BRUNNEN-REIHE

Seit mehr als 30 Jahren steht der Name „Christophorus“ für kreatives und künstlerisches Gestalten in Freizeit und Beruf. Genauso wie dieser Band der Brunnen-Reihe ist jedes Christophorus-Buch mit viel Sorgfalt erarbeitet: Damit Sie Spass und Erfolg beim Gestalten haben – und Freude an schönen Ergebnissen.

ISBN 3-419-55844-9

Lektorat: Maria Möllenkamp, Freiburg
Styling und Fotos: Roland Krieg, Waldkirch
Zeichnungen: Bärbl Kreibich, Böblingen
Umschlaggestaltung: Network!, München
Produktion: Print Production, Umkirch
Druck: Freiburger Graphische Betriebe, 1996

Christophorus
Bücher mit Ideen

Inhalt

Sticken mit Seidenbändchen

Seidenbändchen waren als Stickgarn in viktorianischer Zeit große Mode. Kragen, prächtige Säume, Stoffschuhe, Täschchen, Gürtel und vieles mehr wurden mit dieser Stickerei verziert. In diesem Band finden Sie Ideen, die diese traditionelle Technik in zeitgemäßer Form wiederbeleben. Die kleinen plastischen Motive aus dem edlen Seidenmaterial sind schnell gestickt, denn sie wirken komplizierter als sie sind. Auch einfache, bekannte Zierstiche sehen mit Seidenbändchen gestickt ganz neu und anders aus. Der markanteste Stich ist die Spinnwebrose. Auch die Margeriten- und Schlingenstiche haben auffallende Formen. Dazwischen werden die anderen Stiche verteilt. In dieser Reihenfolge entwerfen sie am leichtesten eigene Muster. Denn daran werden Sie nach den ersten Stickversuchen sicherlich ganz schnell Spaß haben.

Wissenswertes zum Beginn

Die Vorlagen sind originalgroß, so daß Sie das Stickschema durchzeichnen können. Bei den Zählvorlagen bekommen Sie so einen Eindruck von den Stichgrößen und können die Größe der Rähmchen und Passepartoutkarten auswählen.
Der Stoffbedarf richtet sich bei diesen kleinen Modellen nach der Stickrahmengröße, da Sie zum Einspannen mehr Stoff benötigen.

Allgemeine Stickanleitung

Kreuzstich

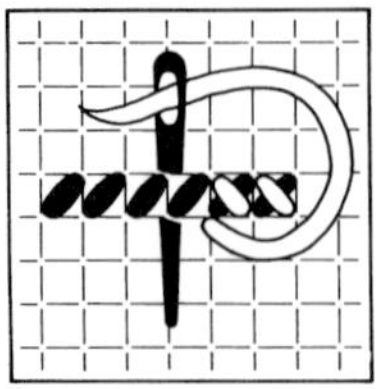

Rückstich

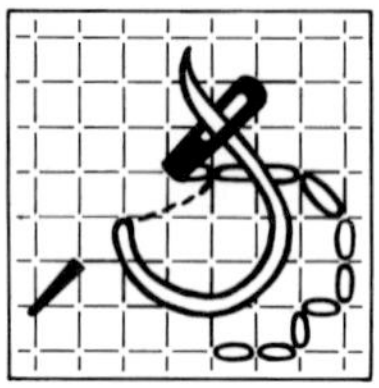

Die Reihenfolge der Stiche ist auch die Reihenfolge der Arbeitsgänge. Das ist bei den Bändchenstichen wesentlich, da sie teilweise übereinanderliegen!

◆ Sie beginnen mit den Kreuzstichen, danach werden die Rückstichkonturen gestickt. Es sind die Farbnummern des Sticktwistes von Coats Mez angegeben. Ein Kästchen in der Zählvorlage ist ein Kreuzstich über ein Aidaquadrat.

◆ Zuletzt werden die Bändchenstiche hinzugefügt. Die Nummern entsprechen hier den Farben der SMYRNAFIX-Seidenbändchen.

◆ Bei den Bändchenmustern auf Handarbeitsdamast kopieren Sie die Vorlage am besten mit Transparentpapier. Die wichtigsten Anhaltspunkte durchstechen und auf dem Stoff kennzeichnen. Mit einem Trickmarker („Phantomstift") die Stiche ungefähr aufzeichnen. Die Linien verschwinden nach ein paar Tagen.

Sticknadeln

Gezählten Kreuzstich immer mit Nadeln ohne Spitze sticken. Für die Bändchen stumpfe Nadeln der Stärke 22 oder 24 verwenden.

ZWEIGART-Handarbeitsstoffe

AIDA-BAND 7002	Bandbreite ca. 3 cm = 10 Stiche
AIDA-BAND 7107	Bandbreite ca. 5 cm = 26 Stiche
	60 Stiche = 10 cm, 100% Baumwolle
STERN-AIDA 3706	ca. 54 Stiche = 10 cm, 100% Baumwolle
PÜNKTCHEN 2168	Handarbeitsdamaste
PUZZLE 2362	55% Baumwolle, 45% Viskose

SMYRNAFIX-Seidenbändchen

Bändchenbreiten 4 und 7 mm,
100% Seide
Pflegeanleitung:
Mit Feinwaschmittel von Hand waschen und liegend trocknen lassen. Eventuell den unbestickten Stoffrand bügeln.

Seidenbändchen-Stickerei

Die beste Bändchenlänge zum Sticken ist ca. 50 cm. Bügeln Sie das Bändchen bei niedriger Temperatur glatt. Gut zu handhaben sind Stickrähmchen mit 8 - 12 cm ∅.

Das Bändchen auf der Rückseite nicht über große Flächen spannen, sondern mit dem speziellen Knoten (siehe rechts) immer wieder neu anfangen.

Einfädeln

Das Bändchen ca. 8 cm durch das Nadelöhr ziehen und ca. 1 cm vom Bandende entfernt durchstechen. Am langen Ende ziehen, bis sich das Bändchen um das Nadelöhr legt. So ist es sicher befestigt.

Knoten am Bandende

Das zweite Bandende 1 cm umfalten und durchstechen. Das Bändchen durchziehen, bis ein Knoten entsteht. Während des Stickens das Ende dicht am Gewebe ebenso falten, durchstechen und abschneiden.

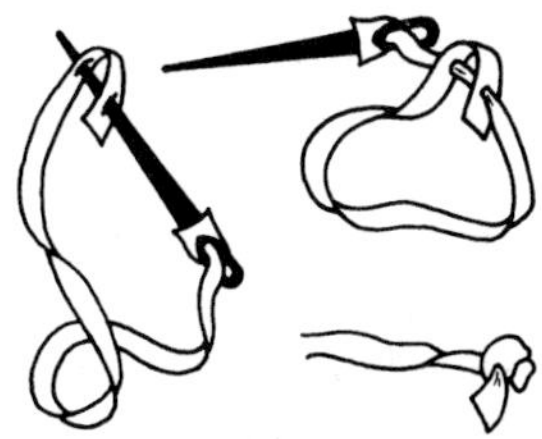

Weitere Tips

Immer im Rahmen arbeiten. Bei den meisten Stichen das Bändchen flach, glatt und locker führen. Mit dem Daumen oder einer dicken Sticknadel verhindern Sie, daß es sich rollt und verdreht. Das Bändchen immer solange festhalten wie es geht.

Sticharten für die Bändchenstickerei

Spannstich

Einen geraden Stich von A nach B stechen. Das Bändchen muß flach liegen.

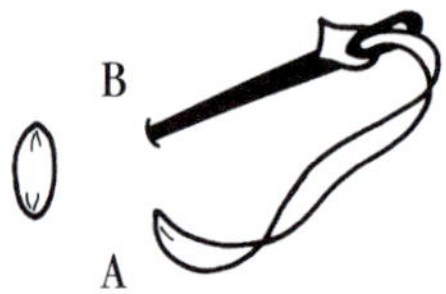

Japanischer Blättchenstich

Bei A ausstechen. Das Bändchen mit dem Daumen flach auf dem Gewebe festhalten. Bei B das Bändchen von oben durchstechen und die Nadel langsam durchziehen. Je nachdem, wie weit Sie das Bändchen durchziehen, entstehen verschiedene Effekte.

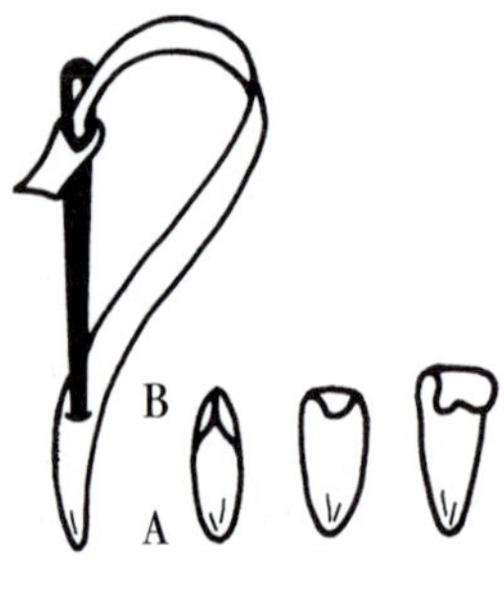

Spinnwebrose

Mit zweifädigem Sticktwist aus fünf Spannstichen einen Stern sticken. Mit dem Bändchen im Mittelpunkt nach oben stechen. Das Bändchen im Webstich abwechselnd über und unter dem Spannstich im Kreis herum führen. Das Bändchen locker ein paarmal drehen lassen. Nach der letzten Bändchenrunde nach unten stechen.
Variante: In der Mitte zuerst mit einer anderen Farbe 1 bis 3 Knötchen sticken.

Schlinge mit Knötchen

Bei A nach oben und bei B (ca. 2 mm vor A) nach unten stechen. Das Bändchen nicht verdrehen und die Schlinge festhalten. Bei C nach oben stechen. Das Bändchen einmal um die Nadel wickeln und dicht neben C wieder nach unten stechen.
Variante: Statt des Knötchens einen kurzen Spannstich sticken.

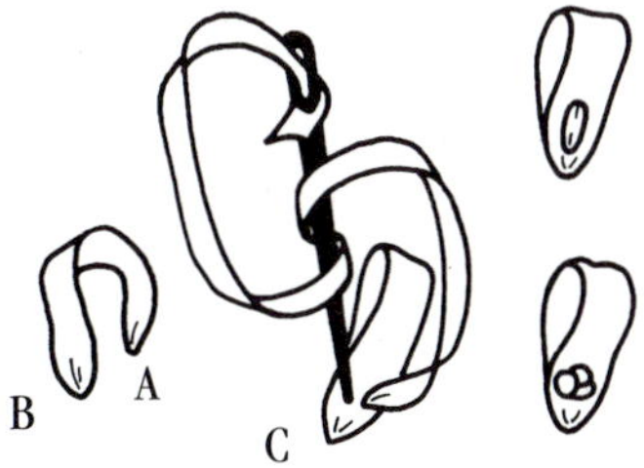

Umwundener Spannstich

Mit Sticktwist eine Reihe Vorstiche sticken. Danach das Bändchen darunter durchführen. Dabei nicht durch den Stoff stechen.

Margeritenstich

Bei A nach oben stechen. Bei B nach unten und bei C wieder ausstechen, wobei das Bändchen unverdreht unter der Nadelspitze liegt. Mit einem kurzen Spannstich die Schlinge befestigen.

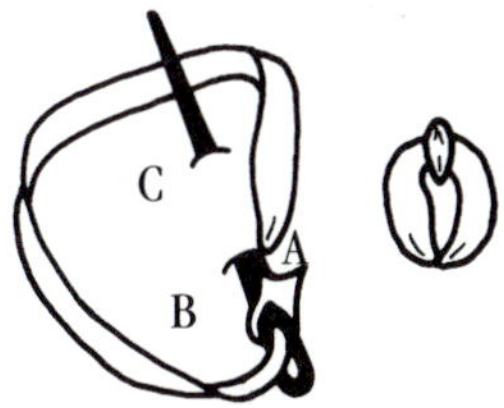

Kolonialknötchen

Bei A nach oben stechen. Die Nadel in den Bändchenbogen legen. Dann das Bändchen zu einer „8“ um die Nadelspitze winden und dicht neben A einstechen. Das Bändchen um die Nadel spannen, bis sich das Knötchen formt.

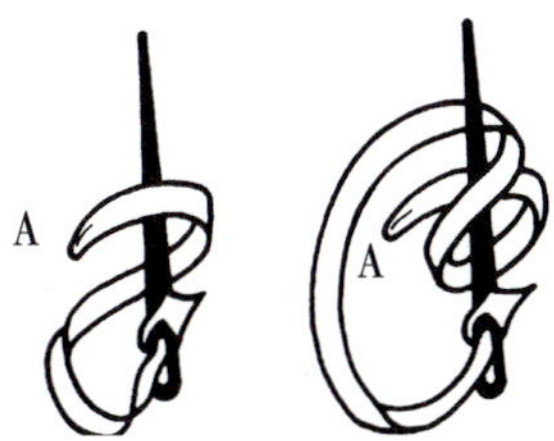

Bildchen „Vögel“

STERN-AIDA 3706 creme

Motivgröße
ca. 5 x 5 cm

Sticktwist
Kreuzstich 2-fädig
Rückstich 1-fädig

Bändchen 4 mm

Rahmen des Bildchens

Der Rahmengöße entsprechend den Stoff zurückschneiden, dabei rundherum 1 - 2 cm Zugabe berücksichtigen. Den Stoff über die Rückwand ziehen und mit Doppelklebeband fixieren.
Sie können die plastische Wirkung des Motivs verstärken, indem Sie das Bild mit Polyestervlies aufpolstern.
Die beiden Vögel passen auch auf AIDA-BAND 7107, quer oder längs.

Tannenmeise
× 358
v 399
• 2
+ 128
▲ 131
■ 403, Kontur
Kolonial-knötchen
○ 666
Schlinge mit Spannstich
△ 653

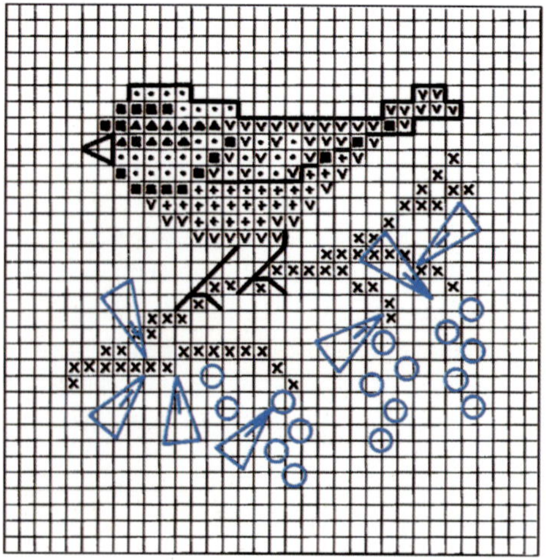

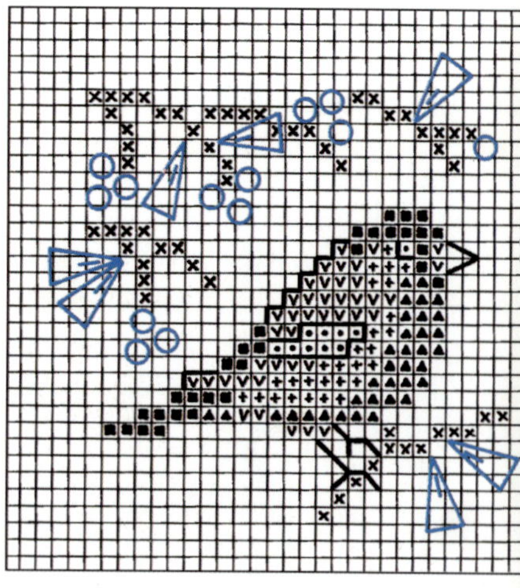

Dompfaff

× 358

▲ 338

+ 336

• 2

v 235

■ 403, Kontur

Kolonialknötchen

o 516

Schlinge mit Spannstich

◬ 653

Nadelkissen „Blütenkranz“

PÜNKTCHEN 2168 gelb

Modellgröße
ca. 13 x 13 cm

Motivgröße
ca. 8 cm ∅

Bändchen 4 mm

Mit dem Trickmarker Kreise aufzeichnen: Innenkreis ca. 4 cm ∅ (z. B. Teelicht), Außenkreis ca. 8 cm ∅ (z. B. Kaffeetasse). Die Margeriten-Einstichpunkte kennzeichnen. Dann die Blätter locker dazwischen verteilen.

Nähen des Nadelkissens

Besticktes und ein unbesticktes Teil jeweils 15 x 15 cm groß zuschneiden. Rechts auf rechts an drei Seiten schließen. Wenden, ausstopfen und die vierte Seite von Hand zunähen.

Margeritenstich
003
666
Spannstich
628

3 yards/4mm
100%
Pure Silk
Color
666

Grußkarte „Schmetterling“

AIDA-BAND 7107 grüne Bogenkante

Motivgröße
ca. 6,5 x 4,5 cm

Sticktwist
Kreuzstich 2-fädig
Rückstich 1-fädig

Bändchen 4 mm

- ▲ 859
- × 1003
- v 302
- \+ 275
- ■ 273, Kontur

Schlinge mit Knötchen
516

Schlinge mit Spannstich
628

Kolonialknötchen
- o 628
- ○ 648

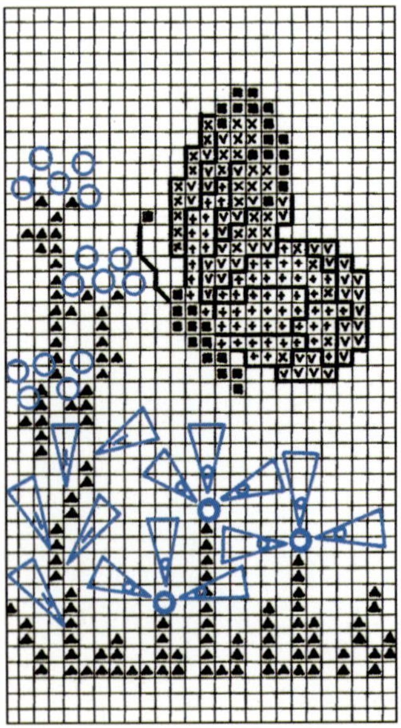

Fertigstellen der Karte

In eine farbige Briefkarte mit dem Schneidemesser zwei Schlitze einschneiden: 5 cm breit, ca. 8 cm voneinander entfernt. Das Band durch die Schlitze fädeln und auf der Rückseite mit Doppelklebeband fixieren. Eine zweite Briefkarte dagegenkleben.
Das Motiv eignet sich auch für eine hübsche Schachtel wie auf Seite 20/21 beschrieben.

Rosenbroschen

PÜNKTCHEN 2168 hellrosa

Sticktwist
2-fädig

Bändchen 4 mm

ovale Brosche
Kolonialknötchen
○ 537
○ 541
Spinnwebrose
⊗ a 537
b 541
Spannstich
653

Broschen, die mit Stoff bezogen werden können, gibt es im Bastelgeschäft. Die Blüten der Broschenform anpassen. Mit dem Trickmarker die Broschenform auf den Stoff zeichnen. Ebenso die Sticktwist-Strahlen. Die Sticktwistfarbe ungefähr in der Farbe der Rosen wählen. Die Blättchen zuletzt nach Gefühl verteilen.

Montieren der Broschen

Die fertige Stickerei auf der Rückseite mit Bastelleim bestreichen. Etwas antrocknen lassen. Die Nadelplatte aufkleben und den überstehenden Stoff abschneiden. Während Sie den Broschenrahmen überstülpen, die Bändchenstiche mit einer Nadel vorsichtig zur Seite schieben. Die Klammern zubiegen.

Fächerbrosche
Kolonialknötchen
○ 553
Spinnwebrose
a 537
⊗ b 540
c 531
Spannstich
⌀ 509

Krawattennadel
Spinnwebrose
⊗ 553
Spannstich
⌀ 628

Irisdosen

PÜNKTCHEN 2168 blau, PUZZLE 2362 hellgrün

Bändchen 4 mm

Blaue Dose
ca. 8 cm ∅
Margeritenstich
113
Spannstich
511
638
Kolonialknötchen
o 585

Grüne Dose
ca. 8 x 11 cm
Margeritenstich
585
Spannstich
322
240
Kolonialknötchen
o 655

Bei der runden Dose die äußeren Blumen jeweils weglassen.
Den Spannstich für die unteren Blütenblätter sehr locker unter dem Margeritenstich durchführen. Bei den langen Blättern das Bändchen einmal drehen. Stiele und kurze Blätter liegen flach.

Fertigstellen der Dosen

Polyestervlies in Deckelgröße auf die Schachtel kleben. Den Damast zurückschneiden: Deckelgröße + 2 x Deckelhöhe + 2 cm Zugabe. Den Deckelrand mit Klebstoff bestreichen und den Stoff aufkleben. Den überstehenden Stoff abschneiden. Den Deckelrand mit Satinband dekorieren.

Arm- und Haarbänder

AIDA-BAND 7002 weiß, mit gelber, hellblauer und rosa Bogenkante

Motivbreite
ca. 17 mm

Sticktwist
Kreuzstich 2-fädig

Bändchen 4 mm

Gelbes Band
× 305
Margeritenstich
666

Blaues Band
× 215
Schlinge mit Knötchen
322
Kolonialknötchen
○ 666

Rosa Band
× 215
Spinnwebrose
565
237
Margeritenstich
553

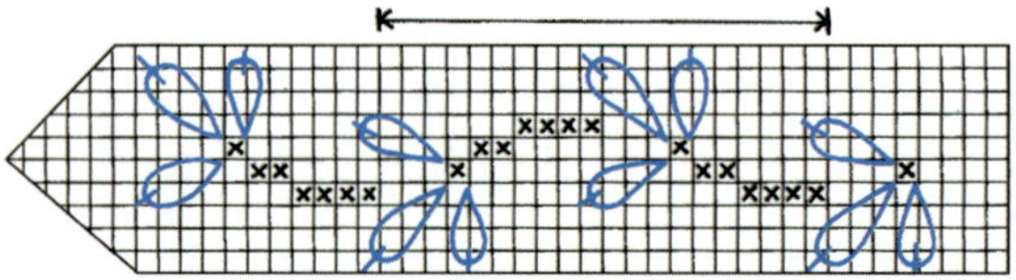

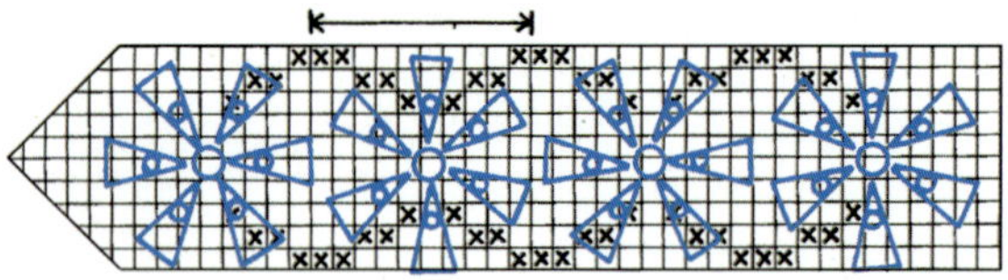

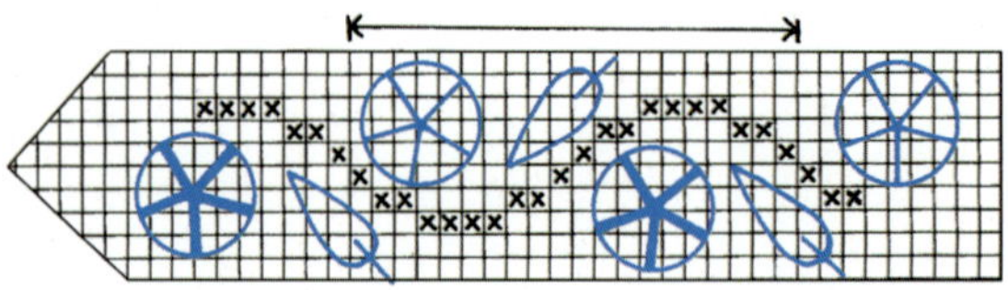

Die Bändchenlänge hängt davon ab, wofür Sie es verwenden. Den Mustersatz zwischen den Pfeilen entsprechend oft wiederholen.
Die Enden wie auf Seite 30 beschrieben nähen und auf der Rückseite ein Satinband mit kleinen Stichen gegennähen. So haben Sie das Bändchen gefüttert und erhalten gleichzeitig Bindebänder.

Schachtel „Blumenfenster“

AIDA-BAND 7107 weiß

Motivgröße
ca. 4 x 8 cm

Sticktwist
Kreuzstich 2-fädig
Rückstich 2-fädig

Bändchen 4 mm

▲ 131
• 5975
× 205
+ 265
v 129, Kontur

Spinnwebrose
⊗ 552
Schlinge mit Knötchen
113
Japanischer Blättchenstich
628
Kolonialknötchen
○ 666

Fertigstellen der Schachtel

Die Schachtel ist ca. 8 x 11 cm groß und ca. 3,5 cm hoch. Das Band über den Deckel spannen und innen mit Doppelklebeband fixieren.

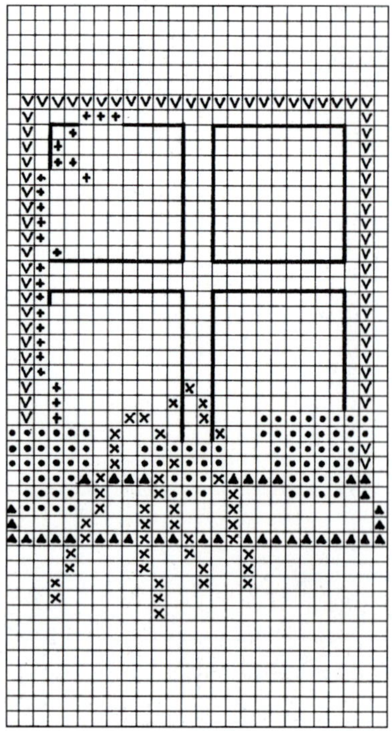

Duftsäckchen und Döschen

PÜNKTCHEN 2168 silbergrau

Bändchen 4 mm

Säckchen
ca. 12 x 16 cm
Motivgröße
ca. 4,5 x 7,5 cm
Spinnwebrose
⊗ a 565
b 553
Blättchenstich
565
240
Kolonialknötchen
o 565

Döschen
ca. 5 cm ∅
Spinnwebrose
a 565
⊗ b 553
c 566
Blättchenstich
628

Das Döschen, wie auf Seite 16 beschrieben, fertigstellen.

Für das Säckchen mit dem Trickmarker einen Halbkreis von ca. 7 cm ∅ zeichnen. Blüten und Blätter entlang der Kreislinie aufreihen. Röschen und Knospen markieren, die Blättchen und Knötchen dazwischen verteilen.
Die Spitze anbringen und das Säckchen zusammennähen. Das Motiv ist ca. 2,5 cm von der Bodennaht entfernt.

Rosengrüße

STERN-AIDA 3706 weiß, AIDA-BAND 7002 weiß

Sticktwist
Rückstich 2-fädig

Bändchen 4 mm

Grußkarte
Motivgröße
ca. 5 x 8 cm
└ 941 Kontur
Spinnwebrosen
a 585
⊗ b 625
c 010
Margeritenstich
585
Spannstich
638

Päckchenschleife
Motivgröße
ca. 1,7 x 9 cm
└ 941 Kontur
Spinnwebrosen
⊗ a 585
b 625
Margeritenstich
638
Spannstich
638

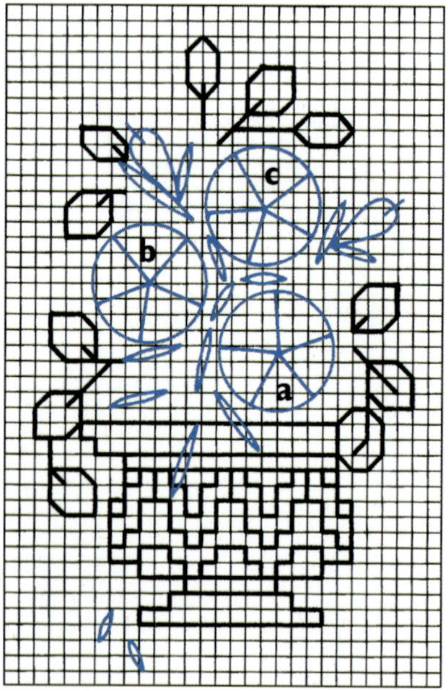

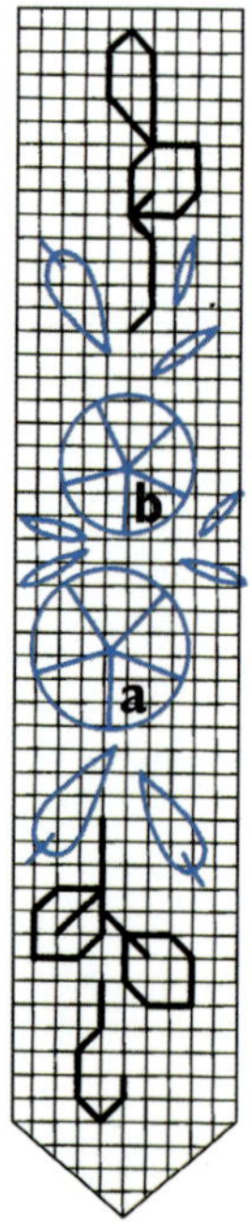

Grußkarte

Die Stickerei in eine fertige Passepartoutkarte kleben. Das Motiv paßt auch auf das AIDA-BAND 7107 (siehe Seite 12).

Päckchenschleife

Die Bandlänge ist mindestens 40 cm. Das Motiv auf beide Enden sticken. Die Ecken abnähen. Schleife legen und mit passendem Seidenbändchen zusammenbinden (siehe Seite 30).

Blütenschmuck

PÜNKTCHEN 2168 weiß

Clips
25 mm ∅
Brosche
33 mm ∅

Bändchen 4 mm

weiß	003
gelb	666
	656
	655
grün	628
	240

Schlinge mit Knötchen
o *Kolonial-knötchen*
Spannstich

Die Farben bunt (wie auf der Abbildung) verteilen.

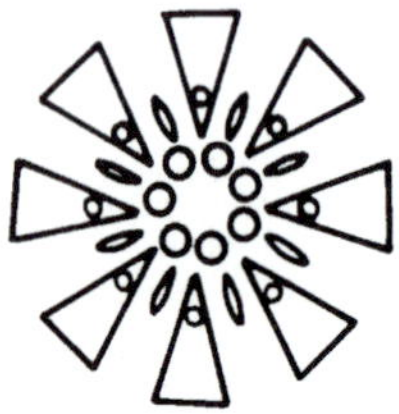

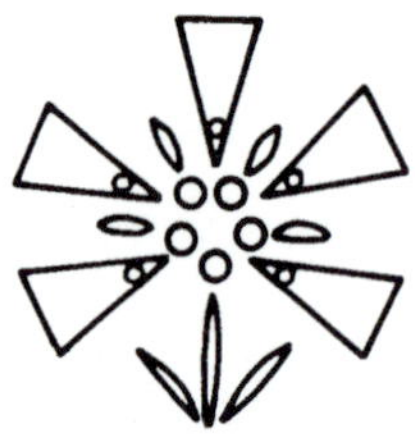

Die Blüten der Clipform anpassen. Die Einstichstellen des äußersten Blütenkreises markieren und dann von außen nach innen sticken. Die fertige Stickerei montieren (siehe Broschen Seite 14).

Tip

Während Sie montieren, einen Faden durch die Schlingenstiche ziehen und die Schlingen hochbinden, damit sie nicht angeschnitten oder eingeklemmt werden.

Einstecktücher

PÜNKTCHEN 2168 aprikose und grün

Tuchgröße
ca. 25 x 25 cm
Spitze
ca. 2,5 x 130 cm

Bändchen 4/7 mm

aprikose
Japanischer Blättchenstich
516, 7 mm
653, 4 mm
Knötchenstich
○ 516, 4 mm

grün
umwundener Spannstich
-- 216, Sticktwist
∿ 240, 4 mm
Japanischer Blättchenstich
522, 7 mm
545, 7 mm
240, 4 mm
Knötchenstich
○ 514, 4 mm

Das Motiv in einer Ecke des Tuches plazieren. Die Ranken und die großen Blüten mit dem Trickmarker aufzeichnen. Die kleinen Blättchen und die Knötchen nach Gefühl verteilen.

Türschleife

AIDA-BAND 7107 weiß mit grüner Bogenkante

Motivgröße
Blütenstrauß
ca. 3,5 x 4,5 cm
Einzelblüte
ca. 2 x 3,5 cm

Sticktwist
Kreuzstich 2-fädig

Bändchen 4 mm

• 859
Spannstich
628
Schlinge mit Knötchen
a 204
b 024
c 571

Die Schleife ist mindestens 90 cm lang. Etwa 5 cm von den Bandenden entfernt die Blumensträuße sticken und die Einzelblüten im Abstand von 5 - 6 cm locker verteilen. Das Blumenstrauß-schleifchen wie die große Schleife falten und mit zwei Spannstichen aufnähen.

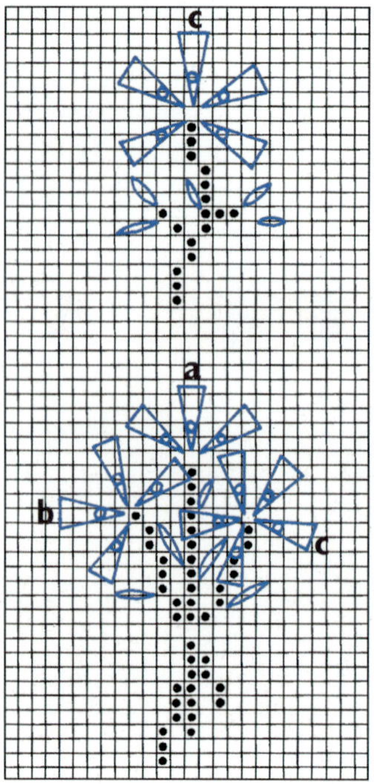

Bänderspitzen

Das Bandende rechts auf rechts längs zur Häfte falten. Mit 1 cm Nahtzugabe quer steppen. Naht ausstreichen und an der Spitze eine kleine Tüte legen, nicht abschneiden. Die Ecke wenden und die Spitze mit der Sticknadel vorsichtig herausziehen.

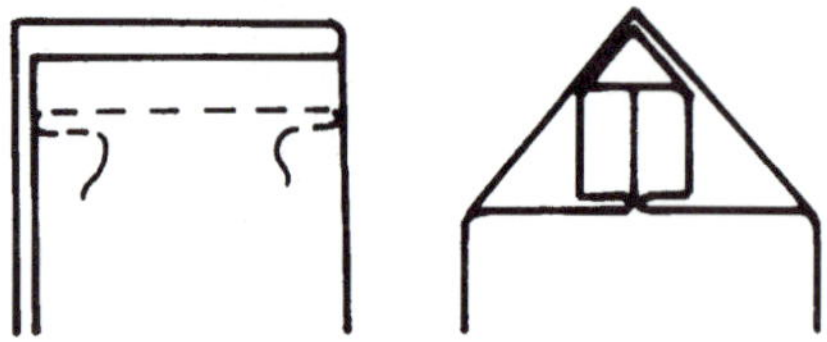

Schleife

Das fertige Band laut Skizze falten und die Schleifenmitte mit Satinband zusammenfassen.

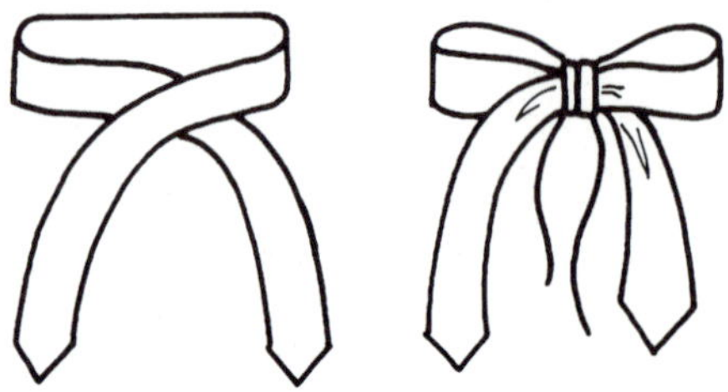

Neben dieser Auswahl aus der Brunnen-Reihe haben wir noch viele andere Bücher im Programm. Wir informieren Sie gerne - fordern Sie einfach unsere neuen Prospekte an:

- <u>Bücher für Ihre Kinder:</u> Basteln, Spielen und Lernen mit Kindern
- <u>Bücher für Ihre Hobbys:</u> Stoff und Seidenmalerei, Malen und Zeichnen, Keramik, Floristik
- <u>Bücher zum textilen Handarbeiten:</u> Sticken, Häkeln und Patchwork

Wir sind für Sie da, wenn Sie Fragen zu AutorInnen, Anleitungen oder Materialien haben. Und wir interessieren uns für Ihre eigenen Ideen und Anregungen. Faxen, schreiben Sie oder rufen Sie uns an. Wir hören gerne von Ihnen! Ihr Christophorus-Verlag

CHRISTOPHORUS
Bücher mit Ideen

Hermann-Herder-Str. 4 / 79104 Freiburg i. Breisgau

Tel: 0761/2717-268 oder Fax: 0761/2717-3